DU

DROIT AU TRAVAIL.

DE L'IMPRIMERIE DE BEAU,
a Saint-Germain-en-Laye.

DU
DROIT AU TRAVAIL,

PAR

M. LÉON FAUCHER,

Représentant du Peuple.

* * *

PARIS,

CHEZ GUILLAUMIN ET Cie, LIBRAIRES,

Éditeurs du *Journal des Économistes*, de la *Collection des principaux économistes*, du *Dictionn. du Commerce et des Marchandises*, etc.

Rue Richelieu, 14.

1848

DU
DROIT AU TRAVAIL,

PAR

M. LEON FAUCHER.

Le socialisme est maudit à cette heure. On l'accuse, non sans raison, des haines, des dissensions et des troubles qui déchirent la France. Toute société a ses plaies; malheur à qui les envenime! malheur à qui change la plainte en cri de guerre! ce n'est pas en les arrosant de sang humain ni en les couvrant de ruines que l'on peut féconder les semences du progrès.

Je distingue cependant entre les organes de ces doctrines, et je ne confonds pas les penseurs avec les agitateurs. Les écrivains, qui vont à la recherche des terres inconnues de l'utopie, ont leur côté utile. Ils nous signalent du moins les écueils contre lesquels ils se brisent; à défaut de leurs leçons, leur exemple avertit la foule, et leurs exagérations même empêchent qu'on ne perde de vue la vérité. J'ajoute qu'en poursuivant l'idéal, ils rencontrent quelquefois le réel. L'école Saint-Simonienne, à travers les folies de son organisation théocratique, a mis en relief un principe qu'était trop portée à oublier une époque révolutionnaire, celui de l'autorité. Dégageons le système de Fourier de l'attraction passionnelle et de toutes les excentricités de la théorie sociétaire, et nous trouverons qu'il a eu le mérite de faire ressortir ce que vaut et ce que peut l'association, pour un peuple chez lequel la propriété et les capitaux se morcellent au point de tomber en poussière.

Mais il n'en est pas de même des agitateurs du socialisme ; et contre ceux-là, l'opinion publique peut, à bon droit, s'armer de toute sa sévérité. Ces hommes, quoi qu'on ait dit, ne sont ni des martyrs ni des apôtres. Ce n'est pas la foi qui les pousse à mettre le feu au monde. L'ambition, qui suppose une certaine élévation d'esprit et de courage, a moins de part à leurs excès que la vanité. Ils veulent être les chefs et les héros de la foule : que leur importe de prêcher le vrai ou le faux, pourvu qu'on les élève sur le pavois ? Le Christianisme, ce manteau d'emprunt qu'ils cherchent à ramener, pour la couvrir, sur la hideuse nudité de leurs doctrines, est plus loin encore de leur cœur que de leurs lèvres. Leur parole ne respire que l'envie, la haine et la révolte. La première conception qui éclot dans leur cerveau, avant de l'avoir éprouvée à la pierre de touche des faits, avant même de l'avoir mûrie, ils en font une bannière autour de laquelle ils convoquent et rallient tous les mécontents qui veulent monter à l'assaut du pouvoir d'abord, et bientôt de la société elle-même.

Je sais que la plupart de ces prédicateurs d'anarchie protestent de leurs intentions pacifiques; mais la logique populaire va droit et vite. Il ne faut pas assembler le peuple dans les clubs pour lui dire que l'ordre social est radicalement mauvais, si l'on veut qu'il laisse les pavés en place et qu'il n'élève pas des barricades ; il ne faut pas présenter tous les jours, dans les journaux et dans les pamphlets, le riche comme l'ennemi du pauvre, si l'on veut que le pauvre se résigne à respecter la propriété. Les nuances des divers systèmes que le socialisme fait pulluler, échappent à la foule. Les disciples de Saint-Simon et ceux de Fourier ont labouré, depuis 1830, de leurs missions, la capitale et les provinces. Cette propagande active, énergique, a-t-elle porté quelques fruits pour les écoles qui l'entreprenaient ? Nullement : les rares adeptes ralliés à grand'peine ne sont que des individualités glanées çà et là, par exception, dans les rangs de la classe moyenne. Quant aux ouvriers admis à ces enseignements, ils n'en rapportent que la haine de toute hiérarchie et qu'un parti pris contre la propriété. Saint-Simon et Fourier, en se manifestant aux rangs inférieurs de la société, n'ont fait que frayer les voies et que fournir des recrues au communisme.

Le socialisme ressemble à ces épidémies qui épargnent les tempéraments robustes et qui ne frappent que les constitutions délabrées. C'est à la faveur des époques calamiteuses qu'il s'infiltre dans les esprits. Pour ne pas repousser cette vision du mal, il faut que l'homme soit plongé dans le désespoir et dans la misère. S'il était plus heureux, s'il jouissait de toute sa raison, il chasserait avec horreur le spectre qui vient l'obséder. Le socialisme ne s'est pas adressé à la population de nos campagnes; comment prêcher, en effet, le partage des biens, avec quelque espoir de succès, à des cultivateurs que la première Révolution a presque tous appelés à la possession du sol? Et quel genre d'intérêt peuvent avoir les doctrines de Babœuf pour cette légion sans fin de propriétaires?

C'est au milieu des ouvriers qui habitent les grandes villes ou qui font mouvoir l'industrie manufacturière que le socialisme s'est implanté. Paris et Lyon, gangrenés avant le reste du pays, sont devenus les grands foyers d'où rayonnait cette active et dissolvante propagande. Elle a commencé par les industries de luxe, là où les ouvriers, tout en obtenant des salaires exceptionnels, se trouvaient exposés à de plus fréquents chômages, où l'intermittence

de la main-d'œuvre laissait plus de place aux mau-
vaises passions et à l'oisiveté. Elle s'est étendue plus
tard, et de proche en proche, aux puissantes industries de la laine et du coton, à Rouen, à Elbeuf, à
Lille, à Roubaix, à Saint-Quentin, à Reims, à
Troyes, à Mulhouse, pour aller en dernier lieu sou-
lever jusqu'au centre du Limousin une population
semi-agricole. On fanatise tous ces hommes attachés
auparavant au travail et au devoir, en faisant appa-
raître, à leurs yeux que l'on éblouit, un monde ima-
ginaire, dans lequel l'égalité des droits entraîne le
partage égal des biens.

Je ne suis pas de ceux qui nient les souffrances
du peuple. Je reconnais que la puissance mécanique,
en développant les ressources de l'industrie, amène
de violents déchirements dans l'ordre social. La vapeur fait, comme le canon, ses trouées dans les mas-
ses. Le travail manufacturier ne peut pas, sans dé-
placer quelques existences, envahir l'espace qui
semblait réservé sans partage, il y a un demi-siècle,
à la culture des champs. Tout régime de transition
est un régime de malaise. Nous souffrons de l'encombrement des villes, de l'inégalité et de l'irré-
gularité des salaires, des chômages et des abus du
travail.

Cependant le mal, au moment où a éclaté la
Révolution de Février, était loin de s'accroître. Malgré l'inertie du Gouvernement, la prévoyance sociale

versait déjà ses enseignements et ses bénédictions sur les classes laborieuses. Les caisses d'épargnes, recueillant jour par jour les centimes économisés par le pauvre, avaient placé plus de 350 millions sur l'État. On multipliait les écoles, les salles d'asile et les crèches. Il ne manquait guère plus qu'une bonne loi sur le travail des enfants, que des associations de secours mutuels instituées sur une plus large échelle, et qu'une caisse de retraite organisée en faveur des vétérans de l'industrie et de l'agriculture, pour faire participer aux progrès du bien-être les derniers rangs de la population comme les premiers.

On a représenté, sous un aspect tantôt trop sombre et tantôt trop riant, la condition actuelle des salaires. Sans rien exagérer, je crois pouvoir dire que les salaires ont éprouvé une hausse générale, non-seulement, ce qui serait trop évident, depuis le dernier siècle, mais même et surtout depuis vingt ans. A prendre pour terme de comparaison la journée du manœuvre, on trouvera une augmentation moyenne de vingt à vingt-cinq pour cent dans les campagnes ainsi que dans les villes. A ne considérer que l'industrie manufacturière, le nombre des ouvriers qui gagnaient depuis 3 francs jusqu'à 10 francs par jour, est certainement plus que doublé. En même temps que le champ du travail s'étendait, les ressources se multipliaient pour la famille; au salaire de l'homme fait s'ajoutaient celui de la femme et celui de l'enfant. Le revenu moyen de l'ouvrier assisté des siens, dans les manufactures, excédait de beaucoup le traitement des commis et des employés inférieurs de l'administration. Ainsi, le niveau des conditions s'est élevé; et la distance, que l'éducation met encore entre les rangs, n'indique déjà plus nécessairement une inégalité de richesse.

Je sais que la concurrence a réduit, dans certains cas, les salaires exceptionnels, ceux des fileurs, par exemple, dans les industries du coton et de la laine. Mais, en revanche, l'industrie métallurgique et celle des machines assurent une haute paie aux ouvriers habiles; et qu'importe que quelques lignes s'abaissent, si, pour l'ensemble du travail dans le pays, la perspective peut se prendre à un point de vue plus élevé? En général, les blessés et les éclopés, que le progrès de l'industrie a laissés sur sa route; les malheureux, tels que les tisseurs à la main et les peigneurs de laine, qui voient la rétribution de leur labeur opiniâtre diminuer d'année en année, sont les ouvriers dont les efforts ne se trouvent pas associés à ceux de la puissance mécanique et qui appartiennent à des industries condamnées à se transformer ou à périr. Voilà ce qui fait la misère de la Saxe, des Flandres, de quelques cantons de la Picardie, de l'Alsace et du pays de Caux. Il n'y a rien de plus bienfaisant pour l'homme que le contact des machines et des forces motrices. Leur intervention relève le travail en même temps qu'elle l'enrichit. Pendant que le tisserand, courbé quinze à seize heures par jour sur son métier, ne gagne souvent que 75 c., une femme obtient 1 f. 25 c. à 1 f. 50 c. pour une journée de douze heures employée à surveiller presque sans fatigue deux métiers à tisser que la vapeur fait mouvoir. Dans le premier cas, l'ouvrier n'atteint pas au salaire moyen d'une femme; dans le second, la femme reçoit le salaire d'un homme, et gagne autant qu'un journalier des environs de Paris.

Le progrès a même été quelquefois trop rapide : car les ouvriers ne se conduisent pas autrement que les capitalistes, et quand le bien leur vient trop vite, au lieu de le faire servir à l'aisance de la famille, ils le dissipent en folles dépenses ou en orgies. Ainsi, la construction simultanée de plusieurs grandes lignes de chemins de fer, en développant outre mesure les travaux de terrassement, a provoqué une hausse soudaine et considérable de la main-d'œuvre. Un bon terrassier peut aujourd'hui gagner de 3 fr. 50 c. à 5 fr. par jour ; et il est presque sans exemple que les ouvriers, que l'on attire de leurs villages en doublant ou même en triplant leurs salaires habituels, comprennent l'utilité, la nécessité de l'épargne. Il sort de là des bandes ou hordes nomades qui vont chercher fortune d'un bout à l'autre du territoire, campant pêle-mêle au pied des travaux, et qui ne connaissent plus ni religion, ni mœurs, ni famille, ni patrie. On en dirait autant des ouvriers mécaniciens, qui construisent, réparent ou dirigent les machines. Ces hommes, simples forgerons ou chauffeurs la veille, deviennent tout à coup les privilégiés, les grands seigneurs de l'industrie. Ce qu'il y a d'aléatoire dans leur existence de parvenus les emporte; la plupart se montrent bientôt fainéants, dissolus, impatients de toute discipline; c'est parmi eux que la révolte va prendre ses chefs.

L'accroissement des salaires depuis vingt ans est donc un fait général et incontestable. Pendant que les ressources de l'ouvrier s'augmentaient, le prix des objets de première nécessité tendait à décroître. Le blé ne coûte pas certainement plus cher aujourd'hui qu'avant la Révolution de 1789; et les étoffes se vendent à plus bas prix. Il n'y a guère que la viande et le vin, auxquels nos lois de douanes et d'octroi attachent une cherté artificielle; mais la liberté peut effacer, pour peu que l'on s'y prête, le mal qu'ont fait les taxes excessives et le système protecteur. Au demeurant, les conditions matérielles de l'existence n'ont pas sensiblement changé : rien ne vient restreindre pour l'ouvrier le bénéfice qui résulte de l'accroissement du salaire ; il peut obtenir une plus grande somme de jouissances, avec la même somme de travail. Le travail, comme la propriété, a donc acquis une nouvelle valeur : il semble que le progrès du temps ait ajouté un autre capital à celui que représentaient déjà les forces de l'homme.

Le mal tient aujourd'hui à ce que, malgré l'accroissement du salaire, l'équilibre existe rarement entre les salaires et les besoins. Le revenu des classes laborieuses a eu beau s'élever, les besoins ont monté plus vite. Ce qui eût suffi pour répandre l'aisance parmi tous ces ménages dans un temps régulier, s'est trouvé insuffisant pour une époque de révolution. L'ouvrier a voulu être honoré en même temps que rétribué, et il a pris pour la considération les signes extérieurs qui s'y trouvent habituellement joints, une certaine atmosphère de dépense, de comfort et même de luxe.

Ajoutez qu'après les exigences de l'estomac sont venues celles de l'esprit. L'ouvrier veut lire, connaître, penser et s'associer à ceux qui pensent comme lui. Il est pour ainsi dire initié à une double existence, et ses prétentions s'étendent avec l'horizon qu'il embrasse. Au reste, il y a bien des degrés dans cette aspiration universelle vers le mieux. Un ouvrier anglais ne pourrait pas vivre en France avec le salaire d'un ouvrier français. La même différence existe chez nous entre l'ouvrier des villes et celui des campagnes, et dans les villes, entre ceux des différentes industries.

C'est ce défaut d'harmonie entre l'ambition de 'ouvrier et ses ressources quotidiennes qui constitue la principale difficulté de notre époque. Voilà le mal que la Révolution de Février est venue aggraver, en apprenant à des hommes que l'on mettait en possession de l'égalité réelle des droits, à rêver l'égalité chimérique des conditions. Que dis-je l'égalité? Les meneurs du peuple ont renversé pour lui la pyramide sociale. La qualité d'ouvrier est devenue un titre de noblesse, dont bien des gens se sont affublés pour surprendre le suffrage du pouvoir ou celui des électeurs. Napoléon décorait Jacquart; l'Angleterre enrichissait Arkrwight. Nos républicains de la veille, peu contents d'honorer les hommes utiles, les ont arrachés à ce qu'ils savaient pour les atteler à ce qu'ils ne savaient pas. Ils ont voulu faire de Jacquart un Mirabeau ou un Richelieu. Après avoir mis la société aux pieds de la classe laborieuse, après avoir fait descendre le Gouvernement sur la place publique, après avoir donné des armes aux ouvriers, et après avoir organisé la force armée comme une bande de conspirateurs, le tentateur s'est adressé à des passions plus avides et plus grossières. Il a dit aux salariés : « Le salaire est le dernier vestige du servage et doit disparaître à son tour. Plus de patrons, plus de maîtres! Les entrepreneurs qui possèdent aujourd'hui le capital d'exploitation sont un rouage inutile dans l'industrie. L'État rachètera de leurs mains ces instruments de travail qu'ils seront trop heureux de céder à vil prix dans leur détresse; puis, tout cela vous sera remis à la condition de vous associer les uns avec les autres, et de faire un partage égal des produits : à votre tour, vous serez les maîtres, vous serez Rois. Les biens de ce monde, ces créations de votre activité et de votre intelligence, vont enfin vous appartenir. » Le peuple a cru à ces promesses trompeuses. Il s'est laissé enivrer de cet opium délirant du communisme ; et lorsqu'au réveil il n'a plus trouvé que la faim toute nue à sa porte, il s'est rué de désespoir sur l'ordre social.

La révolte a été comprimée, mais les cœurs demeurent ulcérés, et les intelligences perverties. La difficulté n'existe plus au même degré dans les choses ; mais elle tient encore aux personnes. Comment substituer la conciliation à la haine, et comment faire succéder le travail au combat? Au foyer de notre civilisation, l'ouvrier peut, il est vrai, venir s'asseoir désormais sans renverser les dieux domestiques. La première Révolution, en lui restituant la liberté du travail, avait rendu accessibles pour lui la propriété et la richesse; le mouvement de Février, en étendant à tous le droit de suffrage, joint à ces vastes perspectives celle plus vaste encore du pouvoir. Cela fait, la dette de la société française envers chacun de ses membres se trouve assurément acquittée sans réserve. Mais comment faire apprécier à des hommes, pour lesquels le socialisme dépouillait la terre en espérance, les avantages plus modestes de la réalité?

Le socialisme a été vaincu dans les rues, il reste à

le dompter par la controverse. Ce que la force a commencé, la raison maintenant doit l'achever. L'ennemi, ce n'est plus la foule ameutée et retranchée derrière les barricades : ce sont les préventions, les sophismes, les préjugés que le mouvement de Février a fait germer dans les intelligences. Il nous reste encore à confondre les principes détestables dont les insurgés de juin bourraient leurs fusils. Parmi ces aberrations révolutionnaires, je n'en connais pas de plus dangereuse ni de plus subversive, que celle qui se cache sous la bannière, si légitime en apparence, du *droit au travail*.

I.

Le droit au travail a été foudroyé du haut de la tribune. Mais le lendemain de cette victoire, comme si l'on avait peur ou honte de la consacrer par un texte législatif, l'Assemblée nationale adoptait, par voie d'amendement à l'article VIII du préambule, une déclaration qui donne gain de cause aux socialistes : le droit à l'existence était substitué au droit au travail. Tout cet appareil de discussion déployé contre un préjugé, dont les événements avaient fait un péril, n'aboutissait qu'à une stérile modification de la formule. Je n'ai pas trouvé place dans ce débat; je viens le reprendre et le continuer devant l'opinion publique.

Les théoriciens, qui proclament le droit au travail, prennent volontairement ou à leur insu, pour point de départ, ce sophisme de Rousseau s'écriant : « Tout est bien sortant des mains de l'Auteur des choses; tout dégénère entre les mains de l'homme. » Ils supposent un état de nature préexistant à la société, et un contrat par lequel les hommes, en fondant l'ordre social, auraient réservé certains droits inhérents et essentiels à l'existence. Ce contrat est une pure fiction. Il n'y a rien d'antérieur ni de supérieur à la société; car, en dehors de la société, l'existence de l'homme est impossible. L'échelle sociale comprend des degrés infinis, depuis l'état sauvage jusqu'à la civilisation la plus avancée. Mais l'exploration du globe a démontré que, dans aucune contrée, l'homme et la famille ne luttaient isolément pour la satisfaction de leurs besoins ni pour le développement de leurs forces; que les tribus les moins policées et les plus misérables avaient encore un langage, des traditions, des principes, un gouvernement.

L'homme et la société ont la même date ainsi que la même origine. L'homme ne peut se développer qu'au sein de la société; il n'y apporte rien que des facultés en germe, et il reçoit tout d'elle : ses droits découlent du même principe que ses devoirs. L'individu trouve dans les droits d'autrui la limite des siens, et leur garantie dans les devoirs qui sont imposés à chacun de ses semblables. Les droits comme les devoirs ne sont que l'expression des rapports que l'état social, que la destinée ici-bas fait naître entre les hommes.

L'individu n'a donc pas pu réserver, au moment où la société le saisit, un prétendu droit à l'existence. Il y entre faible et nu, soutenu par la famille et protégé par l'Etat, jusqu'à ce qu'il ait appris à voler de ses propres ailes. Parvenu à l'âge d'homme, il voit la limite de ses droits se prolonger et ses facultés s'étendre, à mesure que le pouvoir de la société elle-même grandit. Les lumières, la liberté, la richesse, sont autant de progrès de l'état social, auxquels chacun de ses membres participe. Quant à l'existence, elle est d'autant plus assurée aux individus que la communauté est plus riche, plus éclairée et plus forte.

Prenez les peuples chasseurs ou même les peuples pasteurs, qui ont besoin pour vivre d'immenses espaces et qui habitent le désert sans l'animer. La famine, contre laquelle ils luttent péniblement tous les jours, emporte souvent des tribus entières. Dans un état de civilisation moins imparfait, au moyen âge, en Europe, malgré les largesses des couvents, la difficulté des communications ainsi que le défaut de commerce et d'industrie rendaient mortel pour la population des serfs le moindre déficit dans les récoltes. Au dix-huitième siècle, le souvenir de ces effroyables calamités pesait encore si fortement sur l'esprit public, que l'immortel Turgot eut à faire des prodiges de raison pour rendre la liberté au commerce des grains en France. De nos jours, au contraire, la prévoyance humaine a d'inépuisables trésors pour réparer ces désastres. Le commerce transporte les céréales, de la contrée qui a obtenu des moissons surabondantes, dans celle que l'inclémence des saisons a frappée d'une stérilité relative et temporaire. L'industrie, à son tour, redouble d'activité pour payer, avec les produits des manufactures, les produits du sol. En un mot, la famine, qui s'élevait il n'y a pas longtemps chez nous, qui s'élève encore aujourd'hui dans l'Inde, sous la tutelle des Anglais, aux proportions d'une calamité publique, n'est plus désormais, pour les peuples policés de l'Europe, qu'un accident qui sert à éprouver la force et la bonté des institutions. En 1847, quoique le déficit de la récolte ait été au moins d'un cinquième, et quoique l'hectolitre de blé ait valu jusqu'à 53 fr., c'est-à-dire quatre fois son prix normal, pas un seul individu n'est mort de faim en France.

Il semble donc assez oiseux de rechercher quels peuvent être les droits de l'individu à l'existence dans la société, quand on voit que les progrès mêmes de la société ont pour effet d'aplanir les difficultés et de multiplier les moyens de vivre. Que sert d'examiner s'il y a, dans l'arsenal des facultés humaines, quelque chose qui s'appelle le droit au travail, lorsque la liberté du travail est pleinement garantie, et lorsque chacun jouit du fruit de son travail sans contestation ni réserve? Enfin, pourquoi disputer sur le droit à l'assistance, autre forme de cette action que l'on veut donner à l'homme contre la société, dans un temps où la prévoyance sociale, plus attentive et plus puissante qu'elle ne l'a jamais été, s'étudie à réparer les accidents de la fortune, sans énerver la prévoyance et sans éteindre l'activité des individus?

Cependant on insiste, on méconnait le monde, tel qu'il est, afin d'avoir un prétexte pour se réfugier dans un monde idéal; on divise la société en deux classes, ceux qui n'ont pas et ceux qui possèdent; à chacune de ces classes on met une arme à la main, comme s'il devait en résulter l'équilibre des forces : on dresse le droit au travail contre le droit de propriété. L'expression la plus subtile de cette théorie se trouve dans un écrit de M. Considérant, dont M. Ledru-Rollin a porté les conclusions à la tribune. En voici les principaux traits :

« L'espèce humaine est placée sur la terre pour y vivre et pour s'y développer; l'*espèce* est donc usufruitière de la surface du globe.... Or, sous le régime qui constitue la propriété dans toutes les nations civilisées, le fonds commun, sur lequel l'espèce tout entière a plein droit d'usufruit, a été envahi; il se trouve confisqué par le petit nombre à l'exclusion du grand nombre. Eh bien! n'y eût-il, en fait, qu'un seul homme exclu de son droit à l'usufruit du fonds commun par la nature du régime de la propriété, cette exclusion constituerait à elle seule une atteinte au droit, et le régime de la propriété qui la consacrerait serait certainement injuste, illégitime.

» Le sauvage jouit, au milieu des forêts et des savanes, des quatre droits naturels : Chasse, Pêche, Cueillette, Pâture. Telle est la première forme du droit.

» Dans toutes les sociétés civilisées, l'homme du peuple, le prolétaire, n'hérite de rien et ne possède rien, est purement et simplement dépouillé de ses droits; on ne peut donc pas dire que le droit primitif ait ici changé de forme, puisqu'il n'existe plus. La forme a disparu avec le fonds.

» Or, quelle serait la forme, sous laquelle le droit pourrait se concilier avec les conditions d'une société industrieuse? La réponse est facile.

» Dans l'état sauvage, pour user de son droit, l'homme est *obligé d'agir*. Les travaux de la pêche, de la chasse, de la cueillette, de la pâture, sont les conditions de l'exercice de son droit. Le droit primitif n'est donc que le *droit à ces travaux*.

» Eh bien ! qu'une société industrieuse, qui a pris possession de la terre et qui enlève à l'homme la faculté d'exercer à l'aventure et en liberté, sur la surface du sol, ses quatre droits naturels; que cette société reconnaisse à l'individu, en compensation de ces droits, dont elle le dépouille, le DROIT AU TRAVAIL : alors, en principe et sauf application convenable, l'individu n'aura plus à se plaindre. En effet, son droit primitif était le *droit au travail* exercé au sein d'un atelier pauvre, au sein de la nature brute ; son droit actuel serait le *même droit* exercé dans un atelier mieux pourvu, plus riche, où l'activité individuelle doit être plus productive.

» La condition *sine qua non* pour la légitimité de la propriété est donc que la société reconnaisse au prolétaire le DROIT AU TRAVAIL, et qu'elle lui *assure* au moins autant de moyens de subsistance, pour un exercice d'activité donné, que cet exercice eût pu lui en procurer dans l'état primitif.

» Or, l'ouvrier, *qui n'a pas de travail*, a-t-il aujourd'hui le droit d'aller dire au maire de sa commune, au préfet de son département, à un représentant de la société enfin : « Il n'y a plus pour moi de travail à l'atelier où j'étais engagé ; » ou bien : « Le salaire est venu tellement bas qu'il n'est plus suffisant pour assurer ma subsistance ; je viens donc réclamer de vous du travail, à un taux de salaire tel que mon sort puisse être jugé *préférable* à celui d'un sauvage, libre dans ses bois? » Non.

» Non-seulement ce droit n'est pas reconnu, non-seulement il n'est pas garanti par des institutions sociales ; mais encore la société dit au prolétaire, spolié par elle du premier, du plus sacré de tous les droits, de son droit de propriété à l'usufruit de la terre, elle lui dit : « Trouve du travail, si tu le peux, et si tu ne le peux pas, meurs de faim, *en respectant la propriété d'autrui.* » La société pousse encore la dérision jusqu'à déclarer coupable l'homme qui *ne peut pas trouver du travail,* qui ne peut pas trouver à vivre. Chaque jour, nous jetons en prison des malheureux *coupables de mendicité, de vagabondage,* c'est-à-dire coupables de n'avoir ni subsistance, ni asile, ni moyen de s'en procurer.

» Le régime de la propriété, dans toutes les nations civilisées, est donc injuste au premier chef, il est fondé sur la conquête, sur une prise de possession qui n'est qu'une usurpation permanente, tant qu'un équivalent des droits naturels n'est pas donné à ceux qui sont exclus, en fait, de l'usage du sol. Ce régime, en outre, est extrêmement dangereux, attendu que dans les nations où l'industrie, la richesse et le luxe sont très-développés, les prolétaires ne peuvent manquer tôt ou tard de se prévaloir de cette spoliation pour bouleverser la société (1). »

M. Thiers a fait justice, par le ridicule, de cette belle théorie, quand il a demandé si les insurgés de juin, que l'on transporterait à Madagascar ou à la

______

(1) *Théorie du Droit de Propriété et du Droit au Travail,* par V. Considérant, 3° édition.

Guyane, dans les contrées où existent encore les quatre prétendus droits primitifs de pêche, de chasse, de cueillette et de pâture, droits qui ont péri, dit-on, dans la société civilisée, se trouveraient heureux de ce retour à l'état sauvage, et s'ils n'accuseraient pas, au contraire, de barbarie le pouvoir qui leur aurait imposé ainsi l'abandon avec l'exil. On en peut dire autant des ouvriers qui jouissent de leur liberté. Le plus misérable d'entre eux n'échangerait pas son sort contre l'existence des Jaoways ou des Osages. Cela prouve du moins que, si la société a dépouillé l'homme de quelque droit qu'il tenait de la nature, elle lui a donné en échange des biens d'une plus grande valeur.

Un droit primitif, naturel, est quelque chose qui appartient non pas à un homme, non pas à une génération, non pas à un peuple, mais à tous les peuples, à chaque génération et à chaque individu. Il y a plus, les droits vraiment naturels à l'homme sont ceux dont le progrès même de la civilisation facilite et développe l'exercice, tels que la liberté de la pensée et celle de l'industrie. Partout, au contraire, où vous apercevrez une tendance décroissante dans l'individu comme dans l'espèce, tenez pour certain qu'elle vient non d'un droit inhérent à notre nature, mais d'un de ces accidents qui signalent la forme variable des sociétés.

Les générations, dans leur course à travers l'histoire, ne transmettent à celles qui doivent leur succéder ni fictions, ni chimères. Je ne trouve écrit dans aucune tradition ce dédoublement du droit de propriété qu'imagine l'école de Fourier, et aux termes duquel tout homme, en naissant, aurait droit à l'usufruit de la terre brute. Et ce n'est pas sans raison que la religion et la philosophie se taisent également sur ce point. La terre, en effet, a-t-elle jamais existé à cet état de capital primitif indépendant de toute valeur créée par le travail de l'homme? N'est-ce pas là une pure abstraction conçue par l'esprit en dehors des réalités historiques? Qui nous apprendra jusqu'où remonte la civilisation? Y a-t-il un coin de terre qui ne porte la trace de l'homme et que ses sueurs, dans un âge ou dans un autre, n'aient fécondé?

Pour que tout individu, en naissant, se trouvât virtuellement investi d'un droit utile d'usufruit sur le sol, de ce droit représenté, selon M. Considérant, par la faculté de chasser, de pêcher, de cueillir et de paître, il faudrait que la terre, dans cet état primitif que le disciple de Fourier suppose, pût nourrir, sous la forme de tribus de chasseurs ou de pêcheurs, non pas seulement quelques rares individus dispersés dans d'immenses déserts, comme les Indiens de l'Amérique, mais encore des nations aussi nombreuses et aussi étroitement agglomérées que la France et que l'Angleterre. Or, tout le monde sait que, dans l'état nomade, une lieue carrée de terrain est nécessaire pour faire vivre un homme ; tandis que le même espace, dans les contrées qui sont parvenues à un haut degré de culture, suffit pour nourrir quinze cents à deux mille habitants. Qu'est-ce donc qu'une faculté qui ne peut s'exercer qu'au sein du désert, et en vertu de laquelle, ce qui suffit à peine à l'existence d'un seul homme serait légué à ses descendants pour être partagé entre mille, deux mille, en autant de parts qu'en ferait, en s'étendant, la fécondité de l'espèce ? Et l'école phalanstérienne n'abuse-t-elle pas ici de ces dons de l'imagination qui multiplie les figures sans ajouter pour cela aux réalités ?

Non, il n'existe pas un droit naturel à la possession de la terre brute. Le sol appartient légitimement à celui qui se l'approprie par le travail. Le travail crée la propriété, il la crée à toujours en marquant les choses de l'empreinte de l'homme. C'est l'activité humaine, appliquée aux forces de la nature, qui donne naissance aux capitaux. Voilà, dans l'ordre mobilier comme dans l'ordre immobilier, la source vraie de la richesse. La chasse, la pêche et les autres procédés de l'état sauvage, ne sont que des moyens d'appropriation imparfaits et éphémères. Ils supposent déjà une certaine action de l'homme sur la nature ; c'est le début du travail dans la société. Les tribus nomades se partagent le sol : chacune a son territoire, qui appartient ainsi à la communauté, avant de se distribuer entre les familles et entre les individus. Plus tard, la culture naît, et avec la culture les héritages. Plus l'homme met le sol en valeur, et plus aussi la propriété, en se développant, jette des racines profondes. C'est entre les mains de l'homme que la terre devient un capital. L'homme tire en quelque sorte ce capital de lui-même; car les capitaux ne sont que du travail accumulé. Il possède donc à juste titre ce qu'il a produit et ce qu'ont produit ses pères. Les capitaux immobiliers et les capitaux mobiliers, tout procède de l'activité humaine; les rapporter à une autre origine, c'est mettre la fable à la place des faits.

Ce qu'il fallait dire, ce qui est vrai, c'est que l'on ne doit pas considérer la propriété comme un fait purement individuel. L'influence et le pouvoir de la société concourent évidemment à la former, avec l'action, avec le travail de l'homme. La société est dans les mains de l'individu, comme un levier à l'aide duquel il soulève et déplace des fardeaux, dont le poids, sans cela, excéderait ses forces. La puissance publique le protége, lui donne cette sécurité qui est le premier instrument du travail, et sans laquelle le travail serait impossible. Il va puiser au fonds commun des traditions et des lumières. Enfin, il n'a d'intérêt à produire que parce que la société ouvre un marché à ses produits.

Le droit de propriété est donc individuel et social à la fois. La propriété n'est possédée et ne se transmet légitimement, qu'à la condition de payer à l'Etat une redevance, un tribut que l'impôt représente. En vertu du même titre, dans les contrées où de vastes espaces restent encore à défricher, l'Etat met un prix à la concession des terres ; car ces terres ont déjà la valeur que leur communiquent le voisinage de la civilisation et la tutelle exercée par le pouvoir.

Au reste, à mesure que la propriété privée se consolide et s'étend, on voit grandir le domaine public, la propriété indivise, le patrimoine du peuple entier, la richesse qui est commune à tous, et dont chacun peut jouir à tout instant. Les moyens de communication et de transport se multiplient ; la police, les travaux publics, les écoles, les bibliothèques, les monuments, tout concourt à rendre l'existence plus sûre, plus facile et plus agréable. Chacun a véritablement sa part dans le trésor public, trésor qui ne s'épuise pas, qui s'accroît plutôt, et dont l'Etat n'est que le dispensateur pour l'utilité générale. Plus de privilégiés, plus de parias, et, quoi que l'on en dise, plus de prolétaires ; ce qui vaut mieux que le droit de vivre, tout le monde obtient le droit de cité.

Ainsi, la civilisation, je crois l'avoir démontré, donne beaucoup plus à l'individu, en propriété commune, qu'elle ne pourrait lui avoir enlevé en propriété privée. Ajoutons que le propriétaire, dans la société moderne, ne possède pas et ne produit pas pour lui seul. La propriété ressemble à ces arbres dont chaque branche, parvenue au terme de sa croissance, retombe sur le sol, y pénètre et pousse de nouveaux rejetons devant elle. La propriété engendre et multiplie la propriété. Elle rend les capitaux, les instruments du travail de jour en jour plus accessibles. Elle ente l'industrie sur l'agriculture, le commerce sur l'industrie, et le crédit sur le commerce. Cette expansion de la richesse fait que l'on n'a plus besoin pour posséder des procédés barbares de la confiscation, de la spoliation et de la guerre. Le salaire attend le travail; du salaire naît l'épargne, et l'épargne trouve le marché de la propriété toujours ouvert.

Dans le système de M. Considérant, la propriété territoriale aurait seule des obligations, et se trouverait seule grevée du droit à l'usufruit du sol ; car il laisse en dehors la propriété mobilière, monde nouveau qui égale, s'il ne l'excède pas, l'étendue de l'ancien monde. Le capital mobilier obtiendrait ainsi un privilége inexplicable, et ne devrait rien à la société. Des principes qui admettent de pareilles exceptions, ne sont pas des principes. Non, la société n'a pas à expier la propriété qui est la condition même de l'ordre ; et le droit de propriété ne saurait avoir pour corollaire, pour contre-poids, ni pour compensation, le droit au travail.

On le voit, le droit de propriété n'a pas pour correctif le droit au travail. Il reste à démontrer que le droit au travail est la négation et conduit, ainsi que M. Proudhon l'a reconnu lui-même, à la destruction de la propriété.

II.

Par un décret en date du 25 février, le Gouvernement provisoire avait déclaré que « la République s'engageait à garantir du travail à tous les citoyens et l'existence de l'ouvrier par le travail. » Le premier projet de Constitution, celui qui fut soumis à la discussion préparatoire des bureaux, portait, à l'article VII :

« Le droit au travail est celui qu'a tout homme de vivre en travaillant.

» La société doit, par les moyens productifs et généraux dont elle dispose et qui seront organisés ultérieurement, fournir du travail aux hommes valides qui ne peuvent s'en procurer autrement. »

Pour compléter ce système, la commission de Constitution avait proclamé en même temps le droit à l'instruction et le droit à l'assistance. La société allait ainsi substituer son action et sa responsabilité à celles de l'individu et de la famille : elle prenait l'homme au berceau et le conduisait jusqu'à la tombe, pourvoyant en chemin à toutes ses nécessités, depuis l'éducation jusqu'au salaire, ouvrant en un mot à toutes les créatures humaines, selon leur âge, la crèche, l'asile, l'école, l'atelier et l'hôpital.

Depuis, la Commission, éclairée par les événements de juin, a voulu atténuer la portée de cet article. Elle a cru qu'en changeant la forme du principe on pouvait échapper aux conséquences. Mais la première rédaction, reprise par voie d'amendement, à servi à établir le débat. C'est le droit au travail que l'on a attaqué et défendu dans l'enceinte de l'Assemblée nationale; c'est le droit au travail qu'invoquaient, aux élections dernières, les partisans de MM. Raspail, Cabet et Thoré; c'est le droit au travail qu'une foule égarée a pris pour évangile et pour cri de guerre. Voilà le danger, voilà l'ennemi qu'il faut aborder de front.

Le droit au travail diffère essentiellement, comme M. Dufaure l'a fait remarquer, de tous les droits dont les Constitutions ont pour objet de protéger, de garantir le libre exercice. Toutes ces facultés, en effet, sont inhérentes à l'homme; chaque individu peut les exercer et les développer dans la sphère de son action personnelle; c'est une puissance qu'il n'emprunte pas, qu'il tire de lui-même, et qu'il demande seulement à la société de faire respecter en lui. La liberté de penser, la liberté d'écrire, la liberté de travailler et de posséder sont dans ce cas.

Il ne faut pas confondre le droit au travail, cette

prétention des socialistes, avec le droit de travailler, cette propriété de tout homme, dont Turgot a dit, avec raison, « qu'elle était la première, la plus sacrée et la plus imprescriptible de toutes. » Le droit de travailler n'est pas autre chose que la liberté qui appartient à chaque individu de faire, de son intelligence, de ses bras et de son temps, l'emploi qu'il juge le plus profitable ; tandis que le droit au travail est une action que l'on donne à l'individu contre la société tout entière ou contre une partie de cette société. Par le droit au travail, on crée en même temps, selon l'expression de M. Dufaure, un droit et une obligation. On suppose un contrat entre l'individu et la société, aux termes duquel la société devrait l'existence à chacun de ses membres, contrat non synallagmatique et qui n'engagerait qu'une des parties. Car tandis que l'État devrait fournir aux individus, sur leur demande, les moyens de travailler, il ne serait pas armé du pouvoir de les contraindre à chercher dans le travail leur subsistance habituelle. On proclamerait ainsi la supériorité de la force, du droit personnel sur le droit social. L'individu deviendrait le maître, le tyran ; et la société, le serviteur, l'esclave.

M. Dufaure n'a rien dit de trop, le droit au travail est une servitude que l'on impose à la communauté tout entière, dans l'intérêt de quelques-uns, de plusieurs, de ceux qui pourraient être tentés de s'en prévaloir. En admettant cette action de l'individu contre la société, on met nécessairement deux intérêts en présence et en lutte. Supposez que la société résiste; le procès alors se change en combat. C'est de part et d'autre un appel aux armes : on a recours à la force pour interpréter le droit. Les insurgés de Lyon, en 1832, avaient arboré sur leur bannière cette devise du désespoir : « Vivre en travaillant, ou mourir en combattant. » L'article VIII de la Constitution ne reproduisait que la première moitié du *Credo* populaire; les événements ont remis en lumière l'autre moitié : ni la logique, ni la force des choses ne permet de les séparer. Quand on donne un droit, une action aux individus contre la société, on prépare, et même l'on justifie la révolte. On relève, suivant une parole qui ne visait pas à être aussi prophétique, l'étendard de Spartacus; on le relève au sein d'un peuple qui ne connaissait plus ni séparation de castes, ni différence de rangs; on proclame la guerre sociale entre des membres de la même famille politique, entre des frères.

Supposons au contraire que la société se résigne, et qu'acceptant le droit au travail elle soit prête à épuiser toutes les conséquences pratiques du principe. Il faut voir où cela conduit.

Décréter le droit au travail, c'est constituer l'État en pourvoyeur de toutes les existences, en assureur de toutes les fortunes, et en entrepreneur de toutes les industries. Le droit au travail, c'est le droit au capital, c'est le droit au salaire, c'est le droit à l'aisance ; c'est la créance la plus étendue dont on puisse armer les individus contre le trésor public. Quand on descend au fond d'un pareil système, le partage des biens paraît mille fois préférable ; car la communauté des biens met du moins celui qui possède sur la même ligne que celui qui ne possède pas : elle ne prélève la part du pauvre que sur celle du riche, et se borne à faire une répartition nouvelle des capitaux ainsi que des revenus existants. Le droit au travail va bien au delà ; c'est une main mise non-seulement sur ce qui est, mais encore sur ce qui peut être ; c'est la communauté non-seulement de la richesse acquise, mais des forces qui produisent, une servitude perpétuelle imposée aux chefs de la société dans l'intérêt des prolétaires nombreux que la République prend à sa solde.

« Le droit au travail, je l'ai dit ailleurs (1), suppose l'existence permanente, la puissance indéfinie de la production, quelles que soient les circonstances et quelle que puisse être l'organisation de la société. Quelle valeur aurait en effet un principe que l'on placerait en dehors des régions du possible? Or, il n'existe pas d'état social qui assure la permanence ni la régularité de la production. Qu'une crise commerciale survienne, ou qu'un ralentissement quel-

____

(1) *Du Système de M. Louis Blanc,* 1 volume in-18. Avril 1848.

conque dans la consommation rende l'offre supérieure à la demande, et vous verrez un certain
nombre d'ateliers suspendre ou diminuer leur activité. L'industrie, comme l'année solaire, a ses saisons, et la moisson du travail, comme celle des
fruits de la terre, a ses années de stérilité ainsi que
ses années d'abondance.

» La prévoyance de l'homme tient en réserve,
pour ces moments difficiles, les capitaux accumulés
par l'épargne, mais elle ne rend pas à volonté l'im-
pulsion à la puissance qui produit, et elle ne crée pas
le travail d'un coup de sa baguette. L'homme peut
toujours employer son intelligence et ses bras; mais
le mouvement est autre chose que le travail.....

» Le travail, c'est l'emploi utile des forces; on le
reconnaît à ses produits.....

» Pour créer à volonté la production, il faudrait
être en mesure de développer la consommation et
d'en reculer devant soi les limites; car les produits
les plus nécessaires n'ont de valeur que par l'usage
que l'on en fait. Que servirait, par exemple, d'en-
tasser des montagnes de blé ou des troupeaux de
bœufs dans une ville déserte, et à quoi bon les ri-
chesses du Mexique dans des circonstances où un
kilogramme d'argent ne procurerait pas une once de
pain? Si les difficultés devaient cesser, quand on
a dit que l'ouvrier a droit au travail, la recette serait
bien simple; l'État n'aurait qu'à fournir des fonds

aux ateliers qui seraient au moment de s'arrêter et qu'à ordonner aux fabricants de produire. Mais ce n'est pas tout de fabriquer, il faut vendre, il faut trouver des acheteurs pour les marchandises que l'on crée, et non ajouter à l'encombrement stérile des dépôts ; il ne faut pas que la production augmente précisément lorsque le marché se ferme ou se restreint. Ajouter, en pareil cas, à la masse des produits, c'est les avilir. Pour soulager les souffrances du présent, on lègue ainsi de nouveaux embarras à un avenir très-prochain. L'on retarde enfin l'heure où, après avoir liquidé leurs désastres passés, le commerce et l'industrie vont se remettre en marche. »

Les socialistes partent encore d'une autre supposition qui n'est pas moins extravagante que la première. Ils établissent un dualisme entre l'individu et la société. Loin de considérer la société comme la réunion de toutes les forces et comme l'ensemble de toutes les intelligences, ils en font un être de raison, une puissance à part, une personne fantastique, une espèce de fée qui aurait des trésors cachés et des facultés sans limites. Chacun lui demande autre chose et plus que ce qu'il apporte lui-même dans la communauté. Dans l'idéal socialiste, l'État donne toujours et ne reçoit jamais. On ne veut pas comprendre qu'il n'est riche que par la richesse individuelle, qu'il ne produit que par le travail de tous et de chacun, enfin que sa puissance est le résultat du nombre et du concert des volontés. En un mot, on oublie que, si l'arbre social peut porter des feuilles et des fruits, c'est à condition de plonger ses racines dans le sol et d'y puiser la sève nourricière.

Prenons cependant le droit au travail comme la dot de tout homme qui ne possède rien. Admettons pour un instant la fiction qui investit l'État d'une chimérique omnipotence. Comment va-t-il remplir les obligations que l'on fait peser sur lui ?

Le système veut que tout individu qui ne trouvera pas l'emploi de son intelligence ou de ses bras, ou bien à qui l'emploi qu'il en aura trouvé ne fournira pas les moyens de vivre, soit fondé à s'adresser au Gouvernement pour obtenir de lui le travail qui lui manque ou même une occupation lucrative à la place d'un travail peu productif. Ainsi, l'État devra employer tous les ouvriers inoccupés et combler l'insuffisance du salaire. Il faudra qu'il supplée aux lacunes de la demande et qu'il fournisse les instruments du travail.

Dans notre organisation sociale, lorsqu'un chômage prolongé vient arrêter les manufactures, ou quand l'agriculture est surchargée de bras, l'État, les départements et les communes ouvrent des ateliers de charité. On appelle les indigents à faire des terrassements ou à empierrer les routes. Tous ceux qui possèdent se saignent des quatre veines pour fournir, au moyen de leurs contributions accumulées, cette demi-solde aux ouvriers licenciés par l'industrie. Mais sous le régime du droit au travail, les choses ne pourraient pas se passer de la sorte. L'ouvrier, armé d'un titre absolu, ne se contenterait pas du travail que la société aurait choisi et préparé pour lui; il exigerait le travail auquel il se croirait propre et qui lui promettrait une rémunération plus abondante; il voudrait suivre sa profession, et dans les conditions les plus favorables; en déterminant le genre d'emploi, il en fixerait aussi le prix. Il ne s'informerait ni de la situation du marché ni de celle du trésor. Le salaire, devenant pour lui comme une créance, une rente sur l'Etat, garderait un niveau invariable. Il faudrait changer, pour le fournir, les conditions de la société.

Dans son admirable discours sur le droit au travail, M. Thiers a exprimé incidemment une opinion dont les socialistes pourraient s'armer contre lui et qui étonne venant d'un esprit aussi éminemment pratique.

Il admet que l'État tienne en réserve pour les moments de chômage, pour les temps de crise, indépendamment des grands travaux d'ordre public, une certaine somme de commandes à distribuer à l'industrie. Cela ne serait pas bon et ne paraît guère possible. L'État, comme tous les autres consommateurs, n'achète ou ne produit qu'à mesure que les besoins de la consommation se révèlent; ses dépenses sont annuelles comme ses revenus, et il les proportionne aux nécessités politiques. Dans le système indiqué par M. Thiers, on réserverait l'activité des travaux et la masse des approvisionnements pour des temps calamiteux qui pourraient ne pas coïncider avec les plus grandes exigences du service. On commanderait du drap et de la toile pour habiller un million de soldats, quand on n'aurait pas trois cent mille hommes sous les armes. On entasserait ainsi, dans les dépôts de l'État, des marchandises qui représenteraient des capitaux considérables; et l'on perdrait, pendant de longues années, l'intérêt de ces capitaux. Il en serait de même des travaux publics. Pour être en mesure de les développer en temps de crise, on devrait entretenir, pendant les années de prospérité, un état-major nombreux, doubler et tripler tous les cadres. Il faudrait créer d'abord une multitude de sinécures, pour en tirer ensuite, dans les moments difficiles, les éléments d'un service actif. Je ne connais pas de système moins rationnel, ni, en tous cas, plus mortel aux finances publiques.

Mais ce qui me frappe principalement, c'est que l'on appellerait ainsi l'État à faire les plus grands efforts et les plus grands sacrifices, dans les circonstances où ses ressources diminuent avec celles de tout le monde. On lui demanderait d'ajouter trois ou quatre cents millions aux dépenses, précisément lorsque l'impôt direct multiplierait les non-valeurs, que les revenus indirects iraient se réduisant, et lorsque, même en payant huit à dix pour cent d'intérêt, il ne trouverait pas à emprunter. En un mot, et pour me servir d'une expression que M. Thiers a fait accepter, on demanderait les largesses du riche à un trésor qui ne serait plus que le trésor du pauvre.

Avec l'organisation actuelle de la société, l'État n'a qu'un moyen de donner du travail aux ouvriers nécessiteux et valides; c'est d'improviser, sur certains points du territoire, des ateliers de travaux publics. Quelle que soit la profession des travailleurs sans emploi, il n'a pour eux que ce refuge. C'est le seul expédient qui lui permette d'imprimer encore quelque moralité à l'aumône. Mais y a-t-il un grand nombre d'hommes qui puissent y trouver un emploi réel et profitable de leurs bras? Ce système ne consacre-t-il pas la plus effrayante inégalité dans l'aumône? N'est-il pas inventé uniquement dans l'intérêt des journaliers habitués à manier la pioche et à remuer la terre? N'est-il pas à peu près stérile pour les ouvriers des professions sédentaires, tels que les tailleurs, les cordonniers et les bijoutiers; et ne devient-il pas un supplice pour les ouvriers de l'intelligence, pour ceux que nous avons vus inscrits en grand nombre sur les contrôles des ateliers nationaux?

On affronte volontairement le plus redoutable péril, toutes les fois que l'on forme de grandes agglomérations d'ouvriers, sans avoir la certitude de pouvoir leur offrir un régime et un prix de travail qui les satisfassent. La difficulté de discipliner les hommes rassemblés s'accroît alors du mécontentement qui fermente dans leurs rangs. Le mal commence par l'inaction, pour aboutir à la révolte. La France et l'Angleterre en ont fait presque simultanément la plus triste expérience. On sait que le Gouvernement Britannique, après avoir réuni jusqu'à huit cent mille ouvriers sur les chantiers destinés aux travaux des routes en Irlande, se vit contraint de dissoudre ces brigades de mendiants qui refusaient tout travail et qui chassaient les ingénieurs à coups de pierre. De ce côté du détroit, il n'y a pas d'ateliers communaux, depuis la proclamation de la République, qui n'aient engendré au moins une émeute, et cela en épuisant, jusqu'au dernier centime, les ressources produites par les contributions tant volontaires que forcées. Que dire des *ateliers nationaux* de la capitale, qui ne soit contenu dans la sanglante leçon de juin?

Le droit au travail entraîne l'organisation du travail : il n'y a pas de place, dans une société libre et qui s'appartient, pour cette aristocratie des prolétaires. Tant que le capital et la propriété compteront pour quelque chose, ils protesteront contre la servitude que l'on veut faire peser sur eux. Il faut donc démolir les remparts de la civilisation, pour y introduire cette machine de guerre ; il faut transformer la société, il faut remplacer la liberté par le monopole, et l'action des individus par celle de l'État. Plus de propriété, plus d'héritage. L'État doit tout posséder, tout produire, tout distribuer. C'est lui qui donnera le travail et qui répartira la richesse. La théocratie industrielle, que prêchaient les disciples de Saint-Simon, voilà le rêve à réaliser. Nous remontons à l'Inde et à l'Égypte.

Le droit au travail n'a pas de sens ni de valeur, s'il ne veut pas dire que tout individu, s'adressant à l'État pour obtenir de l'emploi, aura droit au genre d'emploi auquel il est propre ; que le laboureur pourra demander qu'on lui confie une charrue à conduire et des terres à cultiver ; que le tailleur recevra une commande de vêtements ; que l'on donnera au mécanicien une locomotive à construire ; que le peintre sera chargé de décorer les palais ou les églises ; que l'historien trouvera des auditeurs pour ses leçons ou des lecteurs pour ses écrits. Cela suppose évidemment que l'État est le maître de régler, comme il l'entend, ou comme la foule l'entend pour lui, la production et la consommation, le loyer du capital, la durée du travail et le taux des salaires ; qu'il n'y a pas d'autre propriétaire, d'autre capitaliste, d'autre entrepreneur d'industrie et de commerce que lui dans la société.

Avoir droit au travail, c'est avoir droit au salaire, à un salaire qui assure l'existence de l'ouvrier ; et , comme les besoins de l'existence varient avec les situations, avec les individus, c'est avoir droit à un salaire que l'ouvrier déterminera lui-même. Sous le régime de la liberté industrielle, il n'appartient à personne de fixer le taux des salaires, qui suivent alors les fluctuations du marché, et qui obéissent à une loi économique supérieure à la volonté du patron comme à celle de l'ouvrier. Il faut donc que la liberté soit supprimée et que la concurrence cesse , pour faire naître cette possibilité d'un *minimum* à déterminer dans le prix du travail. Évidemment il n'y a que le monopole dans les mains de l'État qui donne le moyen de mettre ainsi aux voix le salaire.

Avoir droit au salaire, c'est avoir droit aux instruments du travail, au capital, au crédit. L'armée des travailleurs, pas plus que celle des soldats, ne peut se passer d'officiers qui la conduisent. Ces officiers se produisent et se forment eux-mêmes, avec la liberté de l'industrie; ce sont les capitalistes, les manufacturiers, les ingénieurs, les administrateurs, les commis et les contre-maîtres. On n'arrive que par le mérite, par les services rendus, par l'expérience, à ces postes enviés et disputés du commandement. Mais du moment où l'individu a le droit absolu d'exiger qu'on l'emploie dans la sphère de son aptitude, il peut demander aussi qu'on le place dans les conditions les plus favorables pour tirer parti de son intelligence et de ses forces. Si l'État commandite simplement l'industrie, le candidat voudra recevoir sa part, une part qu'il déterminera lui-même, de cette rosée fécondante du capital ; et si l'État a converti la société en un vaste atelier dont il se réserve la direction, le candidat aura la prétention d'être rangé, non parmi les plus humbles agents du travail, mais parmi les hauts ou tout au moins parmi les moyens fonctionnaires.

On le voit, le droit au travail dans les individus suppose nécessairement le monopole du travail dans les mains de l'État. Nous remontons à l'enfance des sociétés. On traite l'homme émancipé, parvenu à l'âge de la liberté, de la force et des lumières, comme les peuples encore ignorants consentaient à être traités par le pouvoir qui les mettait en tutelle. Il s'agit de renverser tous les procédés à l'aide desquels la civilisation a marché jusqu'à présent dans le monde. On veut nous mener par la démocratie au despotisme, et au monopole par le suffrage universel. Tout ce que l'Assemblée constituante de 1789 a irrévocablement fondé, l'on vient demander à l'Assemblée constituante de 1848 de l'abroger et de le détruire. Voilà comment le socialisme interprète et respecte les traditions augustes de la liberté.

III.

En dehors de l'organisation du travail, qui est

l'absurde et qui serait l'impossible, le droit au travail se convertit en un simple droit à l'assistance. Sous cette forme atténuée et pourtant dangereuse encore, un vote solennel l'a reconnu. Mais il est toujours à propos de revendiquer les vrais principes.

Le droit est une chose certaine, et le pouvoir une chose incertaine : il y a de la témérité à établir un rapport direct entre ces deux termes dans l'ordre social. La société ne fera pas ce que la Providence n'a pas voulu faire. Dieu a permis la souffrance et la misère ; l'Etat le mieux ordonné ne les supprimera pas. Le progrès de l'aisance générale est incontestable ; il s'est accru, il s'accroîtra et nos efforts doivent tendre à l'accroître ; mais n'allons pas rêver l'âge d'or.

La société doit, dans la mesure de ses ressources et dans les limites que la sagesse autorise, venir au secours des malheurs individuels ; car, la prévoyance de chacun n'exclut pas la prévoyance commune. Gardons-nous cependant de convertir le devoir de la société en un droit pour l'individu. Quand on pose, dans ces termes, une question de droit, l'on pose une question de violence. Si vous dites que tous ceux qui ont à se plaindre de leur sort ont le droit de puiser au fonds commun de l'assistance, vous reconnaissez qu'ils peuvent prendre la société à partie. Vous légitimez, vous prêchez la révolte.

Le droit à l'assistance doit infailliblement amener

à la longue la démoralisation des individus, l'affai-
blissement et la ruine de l'État.

Une loi d'Elisabeth le proclame, une loi qui a donné naissance à la taxe des pauvres. La taxe des pauvres en Angleterre se conçoit. Elle représente à peine l'équivalent de la spoliation exercée par le riche contre le pauvre, par le Normand contre le Saxon, et cela sur la plus grande échelle. L'aristocratie s'est partagé le sol par droit de conquête ; elle a confisqué à son profit exclusif les biens communaux et les biens des églises ; enfin, elle se décharge du poids de l'impôt sur les classes laborieuses, et se réserve le patronage ainsi que les positions lucratives du Gouvernement. Ne devait-elle pas une compensation, un dédommagement au peuple qu'elle avait exclu de tous les biens de ce monde ? La taxe des pauvres a été cette indemnité.

On connaît les mauvais résultats du système.

En 1832, au moment où l'excès du mal détermina une tentative de réforme, l'entretien des pauvres coûtait à l'Angleterre proprement dite et au pays de Galles plus de sept millions sterling (environ 176 millions de francs) par année. C'était à peu près, eu égard au nombre des habitants, trois fois la charge que représente le principal de l'impôt foncier en France. Encore quelques accroissements dans la taxe, et le revenu du propriétaire, la rente du sol, y aurait passé. Cependant les pauvres ne s'enrichissaient pas, en ruinant, en dévorant les riches ; car la misère et la dégradation s'étendaient insensiblement au pays tout entier. On donnait l'assistance à la place du travail ou pour servir de supplément au salaire. Quand les paroisses employaient elles-mêmes les pauvres, le travail n'était qu'une dérision. Il en résultait, d'une part, que les ouvriers assistés par les paroisses tombaient dans l'indolence et dans la débauche, se reposant sur la société du soin de les nourrir, et considérant l'aumône qu'ils recevaient comme l'acquit d'une dette ; de l'autre, que les ouvriers libres, et qui voulaient ne devoir qu'au travail leur existence ainsi que celle de leur famille, ayant à subir la concurrence des travailleurs soudoyés par la charité publique, voyaient le taux des salaires baisser, et qu'ils se trouvaient ainsi amenés malgré eux, par l'insuffisance de la rémunération qu'obtenait leur labeur quotidien, à solliciter l'assistance de la paroisse. En outre, comme les secours étaient proportionnés au nombre des personnes dans chaque famille inscrite, les pauvres avaient intérêt à contracter des mariages prématurés et irréfléchis ; car leur revenu s'accroissait avec le nombre de leurs enfants. L'immoralité n'avait plus de frein ; car tous les enfants nés hors mariage tombaient à la charge de la société.

La réforme de 1834 mit un terme provisoire à ces abus de l'aumône officielle. On donna pour correctif au droit à l'assistance le devoir du travail. L'administration des secours publics fut autorisée à retenir dans les dépôts de mendicité et à mettre à la tâche toute personne valide qui demanderait des secours. Les maisons de charité ou de travail (*work-houses*) devinrent autant de maisons de force. La femme fut séparée du mari, et la mère de l'enfant. Pour rendre aux pauvres le goût du travail, on s'efforça de les dégoûter de l'aumône. La prospérité du pays et l'activité de l'industrie venant en aide, on obtint ainsi en peu d'années une économie considérable dans le service des secours publics : en 1837, l'entretien des pauvres, malgré l'accroissement de la population, ne coûtait guère plus de quatre millions sterling (100 millions de francs). Une épargne annuelle de trois millions avait été le résultat immédiat de la réforme.

Mais, depuis quelques années, le paupérisme a repris en Angleterre une marche ascendante. La dépense s'est accrue d'environ un million sterling (25 millions de francs). Le nombre des pauvres secourus présente un accroissement encore plus considérable. En effet, si l'on tient compte du progrès de la population, l'on trouvera que la proportion qui était, en 1840, de sept pauvres $\frac{7}{10}$ sur cent habitants, représentait en 1847 dix pauvres $\frac{1}{10}$. Les maisons de travail ne renfermaient pas alors moins de 265,037 mendiants. Mais la recrudescence de cette épidémie se manifeste principalement par les progrès effrayants du vagabondage; une seule maison de charité, dans la ville de Londres, qui n'avait admis que 767 pauvres non domiciliés dans le cours de l'année 1837, en a reçu 1376 en 1840, 6,308 en 1846, et 11,574 en 1847. L'Angleterre, cette nation à laquelle Byron faisait honneur d'avoir poussé plus loin qu'aucun autre peuple le culte du foyer domestique (1), est envahie maintenant par une tribu de bohémiens sans asile, qui, le jour, importunent les passants de leur détresse effrontée dans les rues des grandes villes, et qui, la nuit, vont frapper par bandes à la porte des maisons de charité.

Ainsi, le paupérisme naît de la taxe des pauvres. La misère, quand on met à côté le droit aux secours publics, cesse d'être un accident pour passer à l'état chronique. C'est un ulcère que l'on entretient. L'Angleterre en a fait et en fait encore chaque jour la triste expérience. N'importons pas en France un système qui, dans un pays moins riche et moins aristocratique, aurait encore de plus funestes résultats. La division des fortunes nous a épargné jusqu'à présent ces contrastes affligeants entre l'extrême pauvreté et l'extrême richesse. Ne dispensons personne de l'économie et de la prévoyance, là où personne ne peut se dispenser du travail.

C'est un axiome reçu en Angleterre, dans un

____

(1) « *Homes of England, the best homes in the world.* »

gouvernement dont la propriété est la base essentielle, que la propriété a des devoirs aussi bien que des droits (1). Jusqu'où vont ces devoirs et quelle en est la nature? Celui qui possède doit-il nourrir, entretenir, et en un mot prendre à sa charge celui qui ne possède pas? Est-ce là, de droit naturel, une servitude de la richesse? La propriété y périrait. L'on conçoit que, dans un gouvernement despotique, le maître soit responsable de l'esclave, et que le seigneur féodal ait à nourrir ses serfs; car il y a là une sorte d'obligation réciproque : le serf a le droit de recevoir des aliments du propriétaire, parce que le propriétaire a droit au travail du serf. Mais émanciper les travailleurs de la glèbe d'abord, des priviléges plus tard, et hypothéquer en même temps la propriété à leur subsistance, cela impliquerait contradiction. Ce serait confondre les conditions de la liberté avec celles de l'esclavage.

Le lien social unit les hommes entre eux par une dépendance mutuelle. Mais en rendant cette dépendance trop étroite, en tendant la chaîne sans mesure, on risquerait fort de la briser. Il ne faut pas immoler l'individu à la société ni la société à l'individu. Écartons, avec une égale vigilance, avec un égal empressement, le communisme et l'égoïsme. Que la charité ne cesse pas d'être un devoir moral; mais

____

(1) *Property has its duties as well as its rights.*

n'en faisons pas une obligation légale. Que personne, en France, ne puisse mourir et ne meure de faim, en présence de la richesse dont le niveau s'élève tous les jours, et de la production qui déborde; mais que cette humanité secourable, que cette providence sociale soit le fait des mœurs plutôt que des lois. Laissons au riche son mérite qui consiste à soulager à propos la souffrance, et au pauvre sa dignité qui est de supporter le malheur : tout système de gouvernement ou d'administration est mauvais, qui tend à supprimer la vertu dans ce monde.

M. Thiers a demontré que le droit au travail détruirait l'émulation entre les travailleurs, c'est-à-dire le principe qui porte un homme à faire mieux que d'autres, et qui est la source du progrès pour la société, de la richesse pour les individus. M. Dufaure a établi que le droit à l'assistance annihilait la prévoyance, c'est-à-dire le principe sur lequel repose l'avenir de chaque individu, aussi bien que l'avenir de la société. « Quand l'ouvrier, a dit l'éloquent orateur, aura pris une fois l'habitude de travailler comme on travaille pour l'État, avec un salaire assuré, infaillible; quand il aura pris cette habitude, le goût du travail s'en ira peu à peu. Il tombera dans l'indolence, dans l'oisiveté et dans tous les vices qui en sont la conséquence. Il y a plus, il donnera cet exemple à ses enfants; vous aurez dans le pays une aristocratie de familles indolentes, que l'État salariera, qui augmentera chaque jour, qui ira en croissant ; qui, d'un côté, ruinera la société, et qui, d'un autre côté, verra peu à peu amortir son courage, énerver toutes ses forces viriles, corrompre ses meilleurs instincts, en un mot, qui cessera bientôt d'être digne de porter ce beau nom de Français, qu'il vaut mieux lui laisser avec tout son honneur. »

Le droit au travail et le droit à l'assistance ne sont, dans la pensée des socialistes qui mettent ces grands mots en avant, que des moyens de changer la distribution des fortunes. L'État n'a pas qualité pour cela ; les lois qui règlent la répartition de la richesse dans le monde social sont, comme celles du mouvement dans le monde physique, supérieures à l'action du pouvoir public. C'est la gravitation qui entraîne invinciblement toutes les volontés et toutes les intelligences. L'État doit veiller à ce que les charges de la société soient également réparties entre tous ses membres dans la proportion des fortunes ; et il lui appartient de lever les obstacles qui arrêtent ou qui gênent le développement des lumières et de la production. Mais il ne doit jamais oublier que s'il est la force collective, et s'il représente l'association des individus, il n'en est pas l'absorption.

Et, après tout, quel est le but ? que veut-on faire ? Quand on proclame le droit au travail et le droit à l'assistance, on espère, sans doute, à l'aide de cette main mise sur les résultats accumulés de la production, sur les capitaux de toute nature, extirper et rendre impossible la pauvreté... Passe encore pour en diminuer l'étendue et pour en atténuer les effets; mais porter ses vues au delà, c'est en quelque sorte condamner la Providence. Le mal existe sur la terre : il est la conséquence de la liberté humaine. L'homme peut se tromper dans ses calculs, négliger ses devoirs, se relâcher de ses efforts, méconnaître ses intérêts véritables; il faut qu'au bout de toutes les fautes, le châtiment apparaisse. Et le châtiment, dans ce monde, c'est matériellement la perte de la richesse; c'est, au moral, la perte de l'estime de ses concitoyens. La crainte de perdre des biens aussi précieux est le seul frein qui retienne l'homme sur la pente ; le désir de les acquérir est le véritable stimulant qui éveille et qui développe son énergie. Le progrès naît des difficultés ; la civilisation est sortie comme la Hollande du sein des flots. En retranchant la pauvreté de ce monde, on retrancherait le travail ; et la loi du travail est la loi même de l'existence.